MANUAL DE VIDA

Epicteto

MANUAL DE VIDA

Consejos estoicos para una vida mejor

EDITORIAL
LETRA MINÚSCULA

Primera edición: octubre de 2022
ISBN: 978-84-19538-29-1

Traducción, introducción y notas de Felipe Castro Torres
Editado por Editorial Letra Minúscula
www.letraminuscula.com
contacto@letraminuscula.com

ÍNDICE

PRÓLOGO

Epicteto nació en Hierápolis[1], una ciudad del Imperio romano, entre el 50 y el 55 d. C. y murió en Nicópolis entre el 125 y el 135. *Epicteto* significa en griego 'adquirido' o 'comprado'. Esto se debe, tal vez, a que cuando era niño fue trasladado a Roma, donde fue *adquirido* o *comprado* como esclavo al servicio de Epafrodito, un secretario de Nerón[2]. Su nombre real, si es que lo tuvo, se desconoce.

Por aquella época, casi todos eran esclavos. Ser ciudadano libre era un privilegio de unos pocos.

En el 70, Epicteto obtuvo autorización para concurrir a las clases que impartía Musonio Rufo, un filósofo de la escuela estoica. Quizás este permiso le fue otorgado por su amo para evitar que se lo acuse de impiedad, ya que Epicteto

---

1 En griego significa 'ciudad sagrada' y se la denominó así porque allí había varios templos construidos para rendirle culto a dioses como Apolo, Cibeles y Dioniso, entre otros. Actualmente, es la región de Turquía.

2 Emperador romano desde el 54 hasta el 68, año en el que murió. Se cree que fue obligado a suicidarse después de un golpe de Estado.

era cojo y hay autores, como Orígenes[3], que afirman que su cojera se debía a las torturas a las que era sometido por parte de Epafrodito. Aunque hay otros, como Suidas[4], que sostienen que, en realidad, esa condición física se debía al reuma.

Las ideas de esta escuela filosófica eran contrarias a las de los emperadores, por eso, tanto para esclavos como para libres, este tipo de pensamiento era una forma de rebelión contra la opresión y el autoritarismo que aquellos ejercían. Así lo podemos inferir del siguiente párrafo:

> Doctrinas como las de que todos los hombres son hermanos, descendientes o hijos de Dios, que llevan en sí una chispa de la divinidad, que todos son, por tanto, de la misma dignidad y estirpe, sin ninguna diferencia natural entre libres y esclavos; que todos deben aspirar a la mayor justicia en sus acciones; que el mundo entero es la universal y pasajera patria... debían de parecerles muy adversas y subversivas a los endiosados

---

3 Fue asceta, teólogo y cristiano primitivo. Se estima que nació en Alejandría en el 185 y que murió en Tiro en el 254. Escribió gran cantidad de tratados sobre espiritualidad, crítica textual y otras especialidades de la teología. En el libro *Contra Celsum*, asegura que la cojera de Epicteto fue producto de la crueldad de su amo.

4 Fue lexicógrafo. Se calcula que vivió alrededor del siglo X en Constantinopla. Autor de *Léxico*, una obra que contiene explicaciones sobre el origen de las palabras y sus significados, además de artículos históricos y literarios. Por este motivo, podemos decir que es, al mismo tiempo, un diccionario y una enciclopedia. Se considera que es uno de los documentos más valiosos en cuanto a la filología, la historia y la literatura porque contiene detalles de autores y obras que ya se han perdido.

> déspotas imperiales, a los Calígulas y Nerones. (García de la Mora, 2004, p. X)[5]

Alrededor del 94, Tito Flavio Domiciano[6] hizo desterrar a todos los filósofos y matemáticos. Para ese entonces, Epicteto había obtenido la manumisión[7] y se instaló en Nicópolis. Allí fundó una escuela pública, donde comenzó a dar clases como filósofo del estoicismo.

Según esta corriente, la tarea del filósofo reside en difundir un modo de vida contemplativo, conforme a la razón y en armonía con la naturaleza. La virtud se basa en el autoconocimiento, la imperturbabilidad, la apatía y los buenos sentimientos, y requiere no dejarse llevar por las apariencias. No debemos ceder ante las pasiones ni las emociones porque estas son irracionales. Tampoco debemos prestar demasiada atención al cuerpo, sino solo atender sus necesidades básicas. La única guía que hay que seguir es la del razonamiento, todo nuestro interés debe centrarse en la mente. Además, nuestros actos han de ser benevolentes, debemos aceptar el destino que los dioses eligieron para nosotros y aprender a vivir de acuerdo con las leyes naturales.

Dentro de las especialidades de la filosofía, Epicteto no solo se dedicó a la ética, sino también a la lógica y a la física, pero solo se conservan algunos textos que se refieren a temas éticos y morales, como los que se tratan en esta obra.

---

5 García de la Mora, J. M. (2004). *Epicteto. Enquiridión*. Barcelona: Anthropos Editorial.

6 Emperador romano desde el 81 hasta el 97. Violento y despótico, murió asesinado, víctima de una conspiración en la que hasta su esposa estaba involucrada.

7 Proceso por el cual un esclavo se convertía en liberto.

Uno de los conocimientos más importantes que Epicteto quiere transmitir es el de aprender a distinguir aquello que depende de nosotros —es decir, lo que podemos controlar— de aquello que no depende de nosotros —es decir, lo que no podemos controlar—. Y que, a partir de ese saber, nos ocupemos de lo primero y desestimemos lo segundo.

Así es posible alcanzar la sabiduría, ya que el ideal del sabio estoico es aquel que controla todo lo que está bajo su poder y acepta sin perturbarse todo lo que no lo está. Se conoce a sí mismo y conoce la naturaleza de las cosas, por eso es capaz de no inquietarse —o al menos moderar su reacción— ante situaciones adversas, como, por ejemplo, la muerte de un ser querido, porque sabe que el ser humano es mortal, que es natural que eso ocurra y que él no puede hacer nada para evitarlo; considera al cuerpo como un bien externo que nos ha sido prestado y que debe ser devuelto sin pena cuando la voluntad de los dioses lo demande.

Otra de las enseñanzas del maestro estoico es que los hechos en sí mismos no son ni buenos ni malos, son solo hechos, pero los juzgamos de este modo por la opinión que tenemos de ellos. Por ejemplo, la enfermedad no es mala, sino que es malo lo que pensamos de ella. Por eso nuestras preocupaciones son únicamente culpa nuestra, es decir, que es culpa de la opinión que tenemos acerca de un determinado acontecimiento. Una vez que hayamos entendido esto, nunca culparemos a los demás de nuestras desgracias. Y, cuando aprendamos a no emitir juicio de valor acerca de los hechos que no podemos manejar, sino a aceptarlos como lo que son, ya no seremos culpables de nuestras preocupaciones porque estas ya no existirán.

Debemos aceptar que los acontecimientos ocurren independientemente de cómo queremos que lo hagan, y no tenemos que desear que ocurran de otra manera o, de lo contrario, seremos infelices.

También tenemos que saber que todo tiene un precio. Para obtener una mente tranquila, el precio es liberarse de la pasión. Si queremos la victoria, debemos pagar el precio del entrenamiento para conseguirla. El que no quiera ser desdichado, que no desee algo que esté fuera de su alcance. El que quiera privilegios, deberá pagar el precio al que se vendan. Nada es gratuito. Por eso el autoconocimiento es fundamental, ya que debemos saber hasta qué punto estamos dispuestos a sacrificarnos por aquello que queremos alcanzar.

El objetivo más alto para el estoicismo es conseguir la felicidad y la libertad. Esto se logra teniendo un control y conocimiento absoluto de uno mismo y de las reglas de la naturaleza, rechazando el anhelo de dominar u obtener los bienes externos, porque son los que no somos capaces de controlar, como la enfermedad o la muerte, y deseando los bienes internos, que son los que sí podemos manejar, como nuestras acciones y pensamientos. Si actuamos de esta forma, no habrá nada que pueda dañarnos o afectarnos de manera emocional; ningún deseo quedará insatisfecho. En resumen, la felicidad se consigue cuando no deseamos dominar aquello que está fuera de nuestro alcance. Y la libertad se obtiene cuando ya no somos esclavos de nuestros impulsos irracionales o ambiciones porque hemos aprendido a doblegarlos y somos capaces de controlar, mediante nuestra voluntad, aquello que podemos manejar.

Por eso para los estoicos es tan importante vivir de acuerdo con la naturaleza y aceptar sus leyes. El hombre tiene la razón como su principio rector y debe actuar conforme a él y al mismo tiempo confiar en el destino que los dioses le han marcado. Cada uno cumple una función dentro de la sociedad, y no debemos desear ejercer otra para la que no tengamos aptitudes ni hayamos sido designados. Así podremos realizar adecuadamente nuestro trabajo, conservando la honradez y el respeto por nosotros mismos.

Esta doctrina también nos muestra que es preferible una vida en la pobreza sin angustias que una en la opulencia con preocupaciones; que debemos ser discretos, reservados y que nuestro comportamiento no debe incurrir en vulgaridades; que hay que vivir de forma mesurada, satisfaciendo solo las necesidades básicas, lejos de los placeres del cuerpo, las pasiones y los excesos, ya que estos ofuscan el entendimiento y dañan el espíritu. Pero también nos enseña que no hay que censurar al que no viva de acuerdo con estos principios. Ni tampoco hacer alarde de que uno sí lo hace.

De este modo vivió Epicteto, con sencillez, escasas pertenencias, sin lujos y en soledad. Pero en su vejez adoptó a un niño que había quedado huérfano y, aunque nunca se casó, compartió sus últimos años de vida con una mujer que lo ayudó a criarlo.

Así, este gran filósofo predicó también con el ejemplo y, al igual que Sócrates, no escribió nada, pero podemos conocer su filosofía gracias a sus discípulos. En especial, a Flavio Arriano[8] —al que también se lo conoce como Arriano de Nicomedia—, quien fue uno de los más importantes porque registró las lecciones de su maestro que luego fueron publicadas bajo el nombre de *Disertaciones* —esta obra también se la puede encontrar como *Diatribas*

8 Llegó a ser un filósofo e historiador de gran relevancia. También fue cónsul y legado imperial en Capadocia.

o *Discursos*— y *Enquiridión* —a veces llamado *Manual* o *Manual de vida*—. El presente libro es una traducción de ese manual, que contiene una colección de enseñanzas y máximas morales, a través de las cuales podemos descubrir cómo era el pensamiento de uno de los filósofos más relevantes y célebres del estoicismo.

MANUAL DE VIDA

1

De todas las cosas existentes, algunas podemos controlarlas y otras no. Bajo nuestro control están el pensamiento, el impulso, la voluntad, el deseo, el rechazo y, en pocas palabras, todas nuestras acciones. Las cosas que no podemos controlar incluyen las condiciones sociales y económicas en las que nacimos, el cuerpo con el que vinimos al mundo, la forma en la que nos ven los demás y, en síntesis, todo lo que no depende de nuestras acciones. Las cosas que podemos controlar están a nuestra disposición, son por naturaleza libres, no encuentran obstáculos delante de ellas, no están limitadas por nada. En cambio, las que escapan a nuestro control son débiles, serviles, sujetas a limitaciones, dependientes de otros factores. Recuerda que, si crees que lo que es naturalmente esclavo es libre y que lo que es ajeno es de tu propiedad, entonces te perjudicarás, te lamentarás, te confundirás y culparás a los dioses y a los hombres; pero, si piensas que solo te pertenece lo que es tuyo, y lo que es de otro realmente le pertenece a ese otro, nadie te pondrá imposiciones o limitaciones, no culparás a nadie, no harás nada en contra de tu propia voluntad, no tendrás ningún enemigo, pues ningún mal podrá alcanzarte.

Apuntando, por lo tanto, a estos altos objetivos, debes recordar que para adquirirlos se requiere más que un pequeño esfuerzo; tendrás que abandonar definitivamente ciertas cosas y otras posponerlas, aunque sea, por el momento. Pero si, además, quisieras llegar a poseer bienes —como posición y riqueza— puede ser que no logres alcanzar los altos objetivos porque tu deseo estará fijado en estas posesiones y, ciertamente, fracasarás en conseguir aquellas cosas que traen consigo libertad y felicidad. Por lo tanto, estudia la posibilidad de enfrentarte a cada primera impresión con las siguientes palabras: «Eres una apariencia y no lo que aparentas ser». Entonces, ponla a prueba con las reglas que ya posees y pregunta: «¿Se ocupa esta apariencia de lo que podemos controlar o de lo que no está bajo nuestro control?». Si se ocupa de lo que no depende de nosotros, entonces prepárate porque la respuesta será que no significa nada para ti y tendrás que aprender a no preocuparte por ella.

2

Recuerda que el deseo quiere adquirir lo que se anhela y el rechazo pretende evitar lo que se repele; y el que no consigue lo que desea es desgraciado y el que no escapa de lo que rechaza es miserable. Por lo tanto, si te apartas de las cosas que son contrarias a tu bienestar natural y que se encuentran bajo tu control, escaparás de lo que deseas evitar; pero, si lo que deseas evitar es la enfermedad o la muerte, serás desdichado.

Entonces, que tu rechazo no llegue a ocuparse de lo que está fuera del control del hombre; dirígelo solo a aquellas cosas que están situadas dentro de su control y que son contrarias a la naturaleza. Por el momento, debes eliminar por completo el deseo porque, si deseas cualquier cosa que no esté bajo el control del hombre, serás inevitablemente desafortunado, mientras que ninguna de las cosas que están bajo su control, que puedes llegar a desear de manera honorable, está todavía fuera de tu alcance. El deseo y el rechazo son impulsos que deberás aprender a ejercerlos con moderación.

3

Ante cualquier cosa, desde la más pequeña, si es atractiva o útil, o un objeto de afecto, recuerda siempre preguntarte a ti mismo: «¿Cuál es su naturaleza?». Si un jarrón te agrada, di que es un jarrón el que te gusta, por tanto, no te molestará si se rompe. Si besas a tu hijo o a tu mujer, dite a ti mismo que estás besando a un ser humano, porque, entonces, si la muerte le llega a uno de ellos, o a los dos, no te perturbará.

4

Cuando estés a punto de emprender un acto, recuérdate qué tipo de acto es. Si vas a bañarte, pon en tu mente lo que ocurre en las piscinas públicas: algunos salpican, otros se sientan, hay quienes empujan y quienes roban. Entonces, actuarás con más seguridad si te dices a ti mismo: «Deseo bañarme y quiero mantener mi voluntad en armonía con la naturaleza». Y así con todas las cosas que vayas a hacer; de este modo, si algo llega a perjudicarte en el curso de tu baño, estarás preparado para decir: «No deseaba solo bañarme, sino mantener mi voluntad en armonía con la naturaleza, y no podré hacerlo si pierdo mi control emocional con esto que está sucediendo».

5

Lo que perturba la mente de los hombres no son los acontecimientos, sino sus juicios sobre estos. Por ejemplo, la muerte no es terrible en absoluto, o de lo contrario Sócrates[9] la habría considerado como tal. Lo único terrible es el juicio que los hombres tienen sobre ella. Y así, cuando estemos indefensos o preocupados o ansiosos, nunca echemos la culpa a los demás, sino a nosotros mismos, es decir, a nuestros propios juicios. Acusar a los demás de nuestras desgracias es un signo de fracaso en la educación. Si acusarse a uno mismo muestra que la educación de quien se acusa ha comenzado, no acusarse ni a uno mismo ni a los demás muestra que su educación está completa.

6

No presumas de una virtud ajena. Si el caballo, en su orgullo, dijera: «Soy hermoso», podríamos aceptarlo. Pero cuando tú dices jactancioso: «Tengo un hermoso caballo», debes saber que tu orgullo es *tener* a ese buen animal. Entonces, ¿qué es lo que puedes llamar tuyo? El trato que les des a las apariencias. Por lo tanto, cuando trates las apariencias conforme a la naturaleza, podrás estar realmente orgulloso porque tu orgullo se deberá a algo que depende de ti.

9 Para Epicteto, el pensamiento de Sócrates es irrefutable. Lo considera —al igual que a Diógenes— como el paradigma del sabio estoico. Para él, ambos eran figuras inalcanzables.

7

Cuando estás de viaje y tu barco está anclado, puedes ir a tierra a buscar agua fresca y llegar a recoger una concha o algún bulbo por el camino, pero debes mantener tu atención fija en el barco y seguir mirando hacia él constantemente, para ver si el timonel te llama; y, si lo hace, tienes que abandonarlo todo o acabarás teniendo que ser arrastrado a bordo con las piernas atadas, como un carnero. Lo mismo ocurre en la vida. Si se te han dado una esposa o un hijo que te son queridos, son como la concha o el bulbo, nada te impide tomarlos. Pero, si el timonel te llama, vuelve corriendo a tu nave, abandona todo y no mires atrás. Y, si eres viejo, no te alejes demasiado del barco, para que cuando te llamen puedas asistir rápidamente.

8

No pienses que los acontecimientos deben ocurrir como tú quieres, sino que desea que los acontecimientos ocurran como lo hacen, y tendrás paz.

9

La enfermedad es un obstáculo para el cuerpo, pero no para la voluntad, a menos que esta lo permita. Ser cojo es un obstáculo para la pierna, pero no para la voluntad. Dite esto a ti mismo en cada evento que suceda y encontrarás que, aunque puedas tener algún impedimento en alguna parte de tu ser, no lo será para ti.

10

Cuando te ocurra algo, recuerda siempre volver a tu interior y preguntarte qué virtudes tienes para hacer un uso adecuado de ellas. Si ves a un muchacho o a una muchacha hermosos, encontrarás que la continencia es lo que debes ejercitar allí; si cargas con problemas sobre tu espalda, encontrarás resignación; si aparecen la grosería y la obscenidad, encontrarás paciencia. Así, si llegas a entrenarte en este hábito, no te arrastrarán las apariencias.

11

Nunca digas de algo «lo he perdido», sino que di «lo he devuelto». ¿Ha muerto tu hijo? Ha sido devuelto. ¿Tu esposa murió? Ha sido devuelta. ¿Te han quitado tu propiedad? ¿No era esto también un retorno? Pero tú dices: «El que me lo ha quitado es un malvado». ¿Qué te importa a través de quién (qué agente) el dador obtuvo la devolución? Mientras él te da algo, cuídalo, pero no como algo tuyo, trátalo como los viajeros tratan una posada.

12

Si quieres progresar, abandona los razonamientos de este tipo: «Si descuido mis negocios, no tendré los medios para vivir». «Si no castigo a mi hijo, será malvado». Es mejor morir de hambre, pero estar libre de dolor y de miedo, que vivir en la abundancia y lleno de preocupaciones. Es mejor que tu hijo crezca malvado que no que tú te vuelvas miserable.

Así que empieza con cosas pequeñas. ¿Se ha derramado una gota de aceite? ¿Te han robado la comida? Dite a ti mismo: «Este es el precio que se paga por liberarse de la pasión, este es el precio de una mente tranquila». Nada puede obtenerse gratis. Cuando llames a tu esclavo, considera que tal vez no pueda oírte, y, si llega a oírte, tal vez no pueda lograr nada de lo que deseas. A él no le va tan bien como para ser capaz de conferirte tranquilidad.

13

Si quieres progresar, debes conformarte con parecer un tonto o un simplón en lo que respecta a los asuntos externos; no desees que los hombres piensen que sabes algo. Y, si algunos creen que eres alguien importante, desconfía de ti mismo. Pues debes saber que no es fácil mantener la mente en armonía con la naturaleza y al mismo tiempo mantener el control de las cosas externas. Si prestas atención a lo uno, debes necesariamente descuidar lo otro.

14

Es una tontería querer que tus hijos, tu mujer y tus amigos vivan para siempre, porque eso significa que quieres que lo que no está bajo tu control lo esté y que lo ajeno te pertenezca. Del mismo modo, si quieres que un servidor no cometa errores, eres un tonto, porque en el fondo quieres que el vicio no sea un vicio, sino otra cosa. Pero si quieres verte satisfecho en tu deseo, puedes conseguirlo. Ejercítate, entonces, en lo que está bajo tu control. Es dueño de sí mismo el que posee la autoridad sobre lo que desea y lo que no desea, para asegurarse de lo uno y alejar lo otro. Que el que quiera ser libre no llegue a desear algo o a evitar algo que dependa de otros; de lo contrario, estará condenado a ser un esclavo.

15

Recuerda que debes comportarte en la vida como si estuvieras en un banquete. Si pasa un plato por el círculo de invitados y llega a ti, extiende la mano y cógelo amablemente. Pásalo, no detengas su movimiento. Todavía no te ha llegado; no te impacientes por obtenerlo, sino que espera a que te llegue el turno. Refrénate así con respecto a los hijos, la esposa, la posición, las riquezas, hasta que un día llegues a ser digno del banquete de los dioses. Pero, si todos estos elementos de la vida se ponen ante ti y no los consideras, sino que los desprecias, entonces no solo participarás del banquete de los dioses, sino también de su poder. Fue así como Diógenes y Heráclito[10], y hombres como ellos, fueron llamados divinos y merecieron ese título.

10 Epicteto consideraba a Diógenes como modelo moral. En este pasaje pareciera que también nos presenta a Heráclito de la misma manera.

16

Cuando veas a un hombre derramar lágrimas de dolor por un hijo que está lejos de él o muerto, o por la pérdida de una propiedad, cuídate de no dejarte llevar por la impresión de que son los males externos los que lo hacen miserable. Mantén este pensamiento contigo: «Lo que lo angustia no es el evento, pues a otro eso no lo angustia, sino su juicio sobre el evento». Así que no dudes en empatizar con palabras e incluso puedes lamentarte con él; pero ten cuidado de no llegar a lamentarte también en tu interior.

17

Recuerda que eres un actor en una obra de teatro y que el director ha elegido la forma en que se representará: si quiere que sea corta, será corta; si quiere que sea larga, será larga. Si quiere que escenifiques a un pobre, debes actuar como tal; igualmente si te toca representar a un lisiado o a un magistrado o a un hombre común. Lo tuyo es poner en escena el papel que te han dado; la elección de ese papel le pertenece a otro[11].

18

Cuando un cuervo grazne con malos presagios, no permitas que esta impresión te domine, sino que distingue correctamente en tu interior y di: «Estos presagios no significan nada

11 Se refiere a Dios.

para mí, sino solo para mi cuerpo o mi propiedad o mi reputación o mis hijos o mi esposa. Pero para mí todos los presagios son favorables si quiero, porque, sea cual sea el asunto, está en mi mano obtener beneficios de él».

19

Puedes ser invencible si nunca entras en una contienda en la que la victoria no dependa de ti. Ten cuidado, no sea que, cuando veas a un hombre poderoso o de alta reputación, te sientas abrumado por ello. Porque, si la naturaleza del bien está en lo que depende de nosotros, entonces no hay lugar para la envidia o los celos. Y no desearás ser pretor, ni alcalde, ni cónsul, sino ser libre; y solo hay un camino hacia la libertad: despreciar lo que no está bajo tu control.

20

Recuerda que las malas palabras o los golpes en sí mismos no representan un atropello, sino tu juicio de que lo son. Por lo tanto, cuando alguien te haga enfadar, debes saber que es tu propio pensamiento el que te ha hecho enfadar. Así pues, tu primera y principal tarea es no permitir que las impresiones te abrumen. Si te tomas un tiempo antes de reaccionar, notarás que te resulta más fácil controlarte.

21

Mantén ante tus ojos, día a día, la muerte y el exilio y todas las cosas que parecen terribles, pero sobre todo la muerte; y, entonces, nunca tendrás pensamientos bajos ni desearás nada con desmesura.

22

Si te propones dedicarte a la filosofía, debes prepararte inmediatamente para ser ridiculizado y encontrarte con las risas de quienes dirán: «Aquí está otra vez haciéndose el filósofo». «¿Dónde adquirió ese aspecto tan orgulloso?». Pues no asumas ninguna apariencia orgullosa, solo cíñete a lo que te parezca mejor, confiando en que Dios te ha puesto en ese lugar. Y recuerda que, si perseveras en tus propósitos, los que primero se rieron de ti luego te admirarán; pero, si te dejas vencer por sus insultos, serás doblemente ridiculizado.

23

Si llegas a tener el impulso de volcarte hacia las cosas externas de tal manera que desees complacer a otra persona, debes saber que has perdido el propósito de tu vida. Conténtate, pues, con ser filósofo; si quieres que te consideren como tal, demuéstrate a ti mismo que lo eres y podrás alcanzar ese objetivo.

24

No permitas que te aflijan reflexiones como estas: «Viviré sin honor y nunca tendré importancia». Porque, si la falta de honor es un mal, solo tú eres el responsable de caer en ese mal, así como en la vergüenza, y no otro. ¿Depende de ti obtener un cargo prestigioso o ser invitado a un banquete?

Desde luego que no.

¿Dónde está, entonces, el deshonor al que te refieres? ¿Cómo puedes ser alguien importante en cualquier lugar? En realidad, solo deberías serlo en aquellos asuntos que dependen de ti, donde puedes llegar a alcanzar el mayor valor posible.

«Pero no podré ayudar a mis amigos», dices.

¿Qué quieres decir con que no podrás ayudar? No tendrás dinero para darles y no los harás ciudadanos de Roma[12]. ¿Quién dice que hacer este tipo de cosas está a tu alcance y que no depende de otras personas? ¿Quién puede dar a alguien algo que no es suyo?

«Entonces, adquiere riquezas para que también nosotros podamos tener algo», dirá otro.

Si puedo conseguirlas y mantener mi autoestima, honor, magnanimidad, muéstrame el camino y las conseguiré. Pero, si me llamas para que, al final, pierda mis bienes y lo que es importante para mí, para que tú ganes cosas que no son buenas, mira qué injusto e insensato eres. ¿Y qué prefieres? ¿Dinero o un amigo fiel y modesto? Así que ayúdame a mantener

---

12 En esta época, conseguir la ciudadanía romana no era fácil e implicaba obtener privilegios sociales y económicos, como, por ejemplo, el derecho al voto y la exención de impuestos.

esas cualidades, y no esperes de mí las acciones que me harán perderlas.

«Pero —dices todavía— mi país necesitará ayuda en la medida en que yo esté en condiciones de ayudar».

De nuevo, pregunto a qué tipo de ayuda te refieres. Tu país no obtendrá de ti pórticos ni baños públicos. ¿Y eso qué significa? Que los herreros no hacen zapatos ni los zapateros fabrican armas; basta con que cada uno realice su propia función. ¿No sería bueno para tu país que seas un ciudadano fiel y modesto?

«Sí».

Bien, entonces, no serías un inútil frente a tu patria.

«¿Qué lugar ocuparé en la ciudad?», preguntas.

El que puedas mantener conservando tu honor y el respeto por ti mismo. Si te arriesgas a perder estas cualidades por tratar de beneficiar a tu ciudad, ¿qué beneficios le habrás otorgado habiendo perdido la honradez y la vergüenza?

25

¿Alguien ha sido elegido antes que tú en una recepción, en un banquete o en un consejo y ha obtenido honores y privilegios? Si estas cosas son buenas, alégrate de que las haya conseguido quien las disfrutó; si son malas, no debes preocuparte por no haberlas recibido tú. Recuerda que, si deseas obtener lo que no está bajo tu control, no puedes pretender la misma recompensa que los demás, a menos que actúes como ellos. ¿Cómo va a obtener lo mismo quien se relaciona con los poderosos, quien participa en sus cortejos o quien los alaba, que los que no lo hacen? Serías injusto e insaciable si desearas obtener estos privilegios a cambio de nada, sin pagar su precio. ¿Cuál es el precio de las lechugas? Un óbolo[13], tal vez. Si un hombre paga y recibe sus lechugas, pero tú no pagas y no recibes las tuyas, no pienses que te han engañado. Porque mientras él tiene sus lechugas, tú posees tu moneda, que no has cambiado. El mismo principio se encuentra también en la buena conducta. ¿No fuiste invitado a la fiesta de alguien? Es porque no has pagado al anfitrión el precio por el que vende su cena. Lo vende por los cumplidos, lo vende por la atención. Págale el precio, entonces, si te trae alguna ganancia. Pero, si pretendes obtener lo uno sin pagar lo otro, eres necio y no podrás satisfacer tu deseo.

¿Qué obtienes a cambio de no ir a la cena?

El no haber adulado al hombre a quien no quieres alabar, el no haber tenido que aguantar los insultos de quienes custodian su puerta.

26

Podemos aprender acerca de la voluntad de la naturaleza a partir de asuntos que nos afectan a todos por igual. Por ejemplo, cuando el esclavo de un hombre ha roto su copa de vino, estamos muy dispuestos a decir de inmediato: «Esas cosas suceden». Pues, cuando se rompa tu propia copa de vino, debes comportarte de la misma manera que cuando se rompió la de tu prójimo. Aplica el mismo principio a los asuntos superiores. ¿Ha muerto el hijo o la esposa de otra persona? Nadie entre nosotros dejaría de decir: «Tal es el destino del hombre». Pero, cuando uno de los nuestros muere, inmediatamente

---

13 Moneda de los antiguos griegos cuyo valor era la sexta parte de un dracma.

gritamos: «¡Ah, qué miserable soy!». Por eso tenemos que recordar cuáles fueron nuestros sentimientos al escucharlos de otra persona.

27

Igual que una señal no se crea para ser ignorada, tampoco existe en el mundo la naturaleza del mal.

28

Si alguien confiara tu cuerpo al primer hombre que se cruzara por el camino, te indignarías; sin embargo, confías tu mente a cualquier persona, de modo que, si te critica o te agrede, te quedas alterado y confundido. ¿No te avergüenzas de ello?

29

En todo asunto debes tener en cuenta lo que va primero y lo que va después, y esta es la forma de enfocar las cosas. De lo contrario, te acercarás a ello con buen corazón al principio, porque no has reflexionado sobre ninguna de las consecuencias, y luego, cuando aparezcan las dificultades, te rendirás, para tu vergüenza. ¿Deseas la victoria en Olimpia[14]? ¡Yo también, por los dioses, porque es algo bueno! Pero considera los primeros pasos que conducen a ella, y las consecuencias, y luego ponte a trabajar.

---

14 Lugar donde se celebraban los Juegos Olímpicos.

Debes someterte a una disciplina, comer como es debido, abstenerte de los dulces, entrenar con rigor, a una hora fija, con altas y bajas temperaturas, no beber agua fría, ni vino. Tienes que entregarte por completo a tu entrenador como lo harías con tu médico y luego, cuando llega el momento de la competición, tienes que arriesgarte, a veces, a lesionarte, a dislocarte la mano, a torcerte el tobillo, a tragar un poco de arena; otras veces, incluso, puedes ser golpeado y, junto con todo ello, también puedes ser derrotado. Cuando hayas considerado muy bien todo esto, entonces embárcate en una competición de atletismo, si es que aún lo deseas. Si actúas sin pensar, te comportarás como un niño, que un día juega a ser luchador, otro día gladiador, luego toca la trompeta y más tarde se entretiene en la arena. Como él, ahora serás un atleta y luego un gladiador, un orador y luego un filósofo, pero en el fondo de tu alma no serás nada. Como un mono, imitas todos los gestos que ves y una cosa tras otra atrae tu capricho. Cuando empiezas algo, lo haces de forma casual y sin mucha convicción, en lugar de considerarlo seriamente, mirándolo desde todos los ángulos. Del mismo modo, algunas personas, cuando ven a un filósofo y oyen a un hombre que habla como Éufrates[15] (y, en verdad, ¿quién puede hablar como él?), desean ser ellos mismos filósofos.

Hombre, considera primero qué es lo que estás iniciando; luego, mira tus propios poderes y ve si eres capaz de hacer frente a la tarea. ¿Deseas competir en el pentatlón o en el combate cuerpo a cuerpo? Mírate los brazos y los muslos, mira cómo es tu cintura. Porque cada hombre ha nacido para una tarea diferente. ¿Te imaginas que, si haces

15 Filósofo y moralista de la escuela estoica.

eso, podrás vivir como lo has hecho hasta el momento, comiendo y bebiendo igual, permitiéndote placeres y disgustos como hasta ahora? Si quieres ser un filósofo, deberás estudiar hasta tarde, trabajar duro, abandonar a tu propia gente, ser irrespetado por un simple esclavo, ser ridiculizado por las personas que te conocen, obtener lo peor de las cosas en todo —en el honor, en el cargo, en la justicia, en todas las cosas posibles—. Esto es lo que debes tener en cuenta si estás dispuesto a pagar este precio para obtener la tranquilidad, la libertad y el sosiego. Si no, dedícate a otra cosa; no seas como los niños, primero filósofo, luego recaudador de impuestos, después orador y poco después procurador del César. Esto no es consistente. Debes ser un hombre bueno o malo; debes desarrollar tu habilidad para conseguir bienes internos o para obtener bienes externos; en otras palabras, debes elegir la posición de un filósofo o la de una persona común.

30

Nuestros deberes suelen medirse por las relaciones que tenemos con los demás. «Él es tu padre». Esto significa que se espera que le cuides, que le des prioridad en todo, que aguantes su mal genio cuando te ofende o te ataca.

«Pero es un mal padre».

Bueno, ¿tienes derecho a exigir que la naturaleza te haya unido a un buen padre? No, solo a un padre.

«Mi hermano me causa problemas».

Entonces, cuida de mantener la relación que has establecido con él y no te plantees lo que él hace, sino lo que tú debes hacer si tu propósito es mantenerte en línea con la naturaleza. Porque nadie te hará daño sin tu consentimiento; solo te dañarán cuando llegues a pensar que te están lastimando. Así, descubrirás lo que es apropiado esperar de tu vecino, ciudadano o pretor, si te acostumbras a observar qué implica cada una de estas relaciones.

31

En cuanto a la piedad hacia los dioses, debes saber que lo más importante es esto: tener las opiniones correctas sobre ellos —que existen y que gobiernan el universo bien y con justicia— y que estás de acuerdo en obedecerlos y en aceptar todo lo que sucede, siguiendo los acontecimientos con una mente libre, en la creencia de que están llenos de la más alta de las mentes. Porque, entonces, nunca culparás a los dioses ni los acusarás de haberte olvidado. Pero esto no puedes lograrlo, a menos que apliques tu concepto del bien y del mal solo a las cosas que están bajo tu control, y no a las que están fuera de él. Porque, si llegas a aplicar tu noción del bien y del mal a estas últimas, entonces tan pronto como no consigas lo que deseas o no logres evitar lo que quieres evitar, ciertamente, culparás y odiarás a aquellos a quienes consideras responsables. Todo ser vivo tiene una tendencia natural a evitar y rechazar lo que parece perjudicial y todo lo que conduce a ello, y a perseguir y admirar lo que es beneficioso y sus causas. Por lo tanto, no es posible que el que se cree perjudicado se complazca en lo que cree que le hace daño, como también es imposible que se deleite en el propio mal. Por eso el padre es vilipendiado por su hijo cuando no le da a este lo que parecen ser bienes. Así,

Polinices y Eteocles[16] desarrollaron una enemistad mutua al pensar que el trono de un rey era algo bueno. Por eso el labrador, el marinero, el comerciante y todos los que pierden a su mujer o a su hijo acusan e injurian a los dioses. Porque la religión de los hombres se mantiene por sus intereses. Por lo tanto, quien se preocupa por desear o rechazar como es debido, está preocupándose también por la piedad. Y todos debemos, en cada ocasión, ofrecer libaciones[17], sacrificios y los primeros frutos según la costumbre de nuestros padres, con pureza, y no de forma mezquina y descuidada, sin avaricia ni extravagancia.

32

Cuando recurras a la adivinación, recuerda que no sabes cuál será el resultado final y el profeta te lo informará; pero, si realmente eres un filósofo, sabes qué tipo de cosa o situación tienes delante. Si es del tipo de cosas que no está bajo tu control, no puede ser ni bueno ni malo. Por lo tanto, no

16 En la mitología griega, son los hijos de Edipo y Yocasta. Su padre, que era el rey de Tebas, los maldijo porque ambos lo habían insultado y ridiculizado. La maldición consistió en predecir que se pelearían a muerte entre ellos a causa de la herencia. Al recibir el trono, los hermanos acordaron que reinarían un año cada uno. El primero en ocuparlo fue Eteocles. Al finalizar el año, Polinices lo reclamó, pero su hermano se negó a cumplir el pacto. Por eso, Polinices reunió a un ejército y asaltó la ciudad. Así comenzó el conflicto bélico conocido como guerra de los Siete contra Tebas. En el combate, Eteocles asesinó a su hermano, quien al mismo tiempo lo mató. De esta manera, se cumplió la profecía de Edipo.

17 Ofrendas, generalmente vino.

lleves al profeta el deseo o el rechazo, ni te acerques a él temblando, sino sabiendo que todo el asunto es indiferente y no te afecta, y que, sea cual sea el resultado, estará en tu mano hacer un buen uso de él y nadie podrá impedírtelo. Ve, pues, fiándote de los dioses como consejeros y, además, cuando te den un consejo, recuerda de quién ha venido y a quién estarías desobedeciendo si lo hicieras. Y consulta el oráculo como pensaba Sócrates que había que hacerlo, es decir, solo cuando el asunto implique hechos que ni la razón ni las artes del hombre son capaces de discernir lo que se tiene delante. Por lo tanto, cuando sea tu deber arriesgar tu vida ante un amigo o la patria, no preguntes al oráculo si debes hacerlo o no. Porque, si el profeta te advierte que el sacrificio es desfavorable —ya que es evidente que implica la muerte, el exilio o la lesión de alguna parte de tu cuerpo—, aun así, la razón exige enfrentarse al peligro, por tu amigo o la patria. Por lo tanto, hazle caso al más grande de los profetas, Apolo Pitio[18], quien echó de su templo a un hombre por no haber ayudado a un amigo cuando lo estaban matando.

33

Determínate una marca definida o un estilo de conducta que mantengas cuando estés solo y también cuando estés en sociedad con los hombres. Mantente en silencio la mayor parte del tiempo o, si debes hablar, habla solo lo necesario y con pocas palabras. Habla en contadas oportunidades, si la ocasión lo requiere, pero no hables de cosas vulgares —de gladiadores,

18 Dios profético del oráculo de Delfos. Este oráculo era uno de los principales de la antigua Grecia.

carreras de caballos o atletas, o de carne o bebida—; son temas que surgen en todas partes. Pero, sobre todo, no hables de los hombres ni en acusación ni en alabanza ni en comparación. Si puedes, dirige la conversación que tiene lugar en tu presencia hacia algún tema apropiado; y, si te encuentras en medio de extraños, permanece en silencio. No rías mucho, ni con frecuencia, ni sin control.

Evita los juramentos, siempre que sea posible; pero, si no puedes evitarlo, hazlo en la medida en que las circunstancias lo permitan.

Rechaza el entretenimiento de los extraños y de los profanos. Pero, si se presenta la ocasión de aceptarlos, procura no caer en comportamientos vulgares. Debes saber que, si tu camarada tiene una mancha, el que se asocia con él comparte necesariamente esa mancha, aunque al principio esté limpio.

Para tu cuerpo toma solo lo que exigen tus necesidades básicas, como comida, bebida, ropa, casa, sirvientes, y elimina todo lo que lleva al lujo y al exhibicionismo. Evita los placeres amorosos, en la medida de tus posibilidades, antes del matrimonio. Aunque, si te abandonas a ellos, hazlo en tanto que sea legal. Pero no seas agresivo o censurador contra los que se dedican a la pasión licenciosa, y no estés siempre demostrando tu castidad. Si alguien te llama la atención sobre esto y habla mal de ti, no te defiendas de lo que te acusa, sino que responde: «No conoce mis otras faltas, pues de lo contrario no habría mencionado solo estas».

No es necesario ir a menudo a los juegos, pero, si debes ir en alguna ocasión, demuestra que tu primera preocupación es por ti mismo; es decir, desea que solo pase lo que pasa y que gane el que debe ganar, porque así no sufrirás ninguna angustia. Controla cualquier impulso de aplauso, o de burla, o de entusiasmo prolongado. Y, cuando te vayas, no hables mucho de lo que pasó allí, salvo en lo que pueda conducir a tu propia mejora. Porque hablar mucho de ello implica que el espectáculo ha excitado tu imaginación más de lo que debería haberlo hecho.

No vayas con facilidad a escuchar conferencias; pero, si vas, mantén tu seriedad y dignidad sin ser desagradable. Cuando vayas a conocer a alguien, y en particular a alguien de renombre, pon en tu mente el siguiente pensamiento: «¿Qué habrían hecho Sócrates o Zenón[19]?» y no tendrás ninguna dificultad en aprovechar adecuadamente la ocasión.

Cuando debas ir a visitar a algún hombre poderoso, piensa de antemano que tal vez no lo encuentres en casa, o que te echarán de allí, o que te cerrarán la puerta en la cara, o que no te prestará atención. Y, si a pesar de todo sigues sintiendo que debes ir a verle, ve y aguanta lo que sea, y nunca te digas internamente que no valió la pena, porque eso muestra una mente ordinaria y una persona que se preocupa por las cosas externas.

En tu conversación, evita las menciones frecuentes y desproporcionadas de tus propias actividades y aventuras, ya que los demás no obtienen el mismo placer al escuchar las cosas que te han sucedido que el que te provoca a ti contarlas. Evita provocar la risa de los hombres, porque es un acto que conduce rápidamente a comportamientos vulgares y sirve muy bien para que el prójimo disminuya su respeto hacia ti. También es peligroso utilizar un lenguaje obsceno; cuando ocurra algo de este tipo, llama la atención del infractor si la ocasión lo permite y, si no, déjale claro, con tu silencio, o

---

19 Zenón de Citio es considerado el fundador de la escuela filosófica estoica.

bien con un rubor, o incluso con el ceño fruncido, que estás enfadado por sus palabras.

34

Cuando venga a tu mente la representación de algún placer, ten cuidado, como con las demás representaciones, de que no te arrastre consigo. Espera un poco, date un respiro. Entonces recuerda dos cosas: el tiempo que disfrutarás de ese placer y también el tiempo que después te arrepentirás y te reprocharás. Piensa en el placer y la autosatisfacción que recibirías si supieras controlarte. Y, si crees que de todos modos vas a emprender el asunto, toma medidas para que no te domine su dulzura y su atracción. Pon en el otro lado de la balanza el pensamiento de cuánto mejor es la conciencia de haberlo conquistado.

35

Cuando vayas a hacer algo porque has determinado que debe hacerse, nunca evites que te vean hacerlo, aunque la opinión de la multitud te repruebe. Porque, si tu acción es incorrecta, entonces evita hacerla, pero, si es correcta, ¿por qué temer a los que te acusarán injustamente?

36

La frase «es de día o es de noche» tiene sentido porque entendemos que la conjunción *o* es disyuntiva[20], pero no tiene el menor significado con la conjunción copulativa *y*[21]. Del mismo modo, elegir la ración más grande en un banquete tendrá sentido para tu cuerpo, pero no si quieres conservar la decencia social. Por lo tanto, cuando estés en una comida con otras personas, recuerda tener en cuenta el valor de lo que te ponen delante no solo para tu cuerpo, sino también para mantener un buen comportamiento frente a tu anfitrión.

37

Si intentas desempeñar un papel que está por encima de tus capacidades, no solo actúas torpemente, sino que también das de lado ese papel que podrías haber desempeñado con éxito.

---

20 Esto significa que la conjunción *o* está separando dos ideas que son mutuamente excluyentes. «Es de día o es de noche, pero no ambas». También podría expresarse así: «O es de día o es de noche».

21 Es decir, la frase «es de día y es de noche» no significa nada.

38

Al igual que al caminar tienes cuidado de no pisar un clavo o un alfiler o de no torcerte el tobillo, de la misma manera, ten cuidado de no dañar tu principio rector[22]. Y, si mantienes eso en todo lo que haces, trabajarás con más seguridad.

39

La hacienda de cada hombre debe tener la medida de su cuerpo[23], como el calzado tiene la del pie. Si te ciñes a este límite, mantendrás la mesura; si vas más allá, puedes caer como por un precipicio sin que nada te detenga. Igual que con el calzado, si sobrepasas lo que tu pie necesita, puedes tener un calzado dorado, luego púrpura y después bordado. Porque una vez que se ha caído en la desmesura, ya no hay límites.

40

Los hombres llaman *señora* a la mujer a partir de los catorce años. Desde ese momento, cuando las mujeres se dan cuenta de que no hay nada más que puedan hacer que no sea compartir el lecho conyugal, empiezan a adornarse y a poner todas sus esperanzas y planes en ello. Entonces, debemos

22 Podemos interpretar que se refiere a la razón y a tener cuidado de no ceder ante las pasiones ni dejarse llevar por los impulsos.

23 Se refiere a que la riqueza de alguien debe ser acorde a sus necesidades.

esforzarnos por hacerles comprender que, en realidad, no se las honra más que por llevar una vida modesta y decorosa.

41

Es un signo de una mente obtusa implicarse excesivamente en el cuidado del cuerpo, como hacer mucho ejercicio, comer y beber en demasía y excederse en otras funciones corporales. Estas cosas deben hacerse de manera secundaria; toda tu atención debe estar puesta en la mente.

42

Cuando un hombre hable mal de ti o te maltrate, recuerda que lo hace porque cree que es su deber. No es posible que entienda lo que a ti te parece bien, sino solo lo que le parece bien a él, de modo que, si su opinión es errónea, se perjudicará porque ha sido víctima de un error. De la misma forma, si alguien piensa que un razonamiento verdadero es falso, no es el razonamiento el que se ve perjudicado, sino el hombre que se ha confundido. Si actúas según este principio, serás amable con quien te hiera, diciéndote a ti mismo: «Él cree tener razón».

43

Todo asunto tiene dos asas: una que permite llevarlo y otra que no lo permite. Si tu hermano te ha hecho daño, no actúes apoyándote en esta asa, la del daño que te ha causado, porque no es el asa llevadera; apóyate en la otra, que es la que te recuerda que es tu hermano, que se han criado juntos, y por esta asa podrás sobrellevar el tema.

44

Es ilógico razonar de la siguiente manera: «Soy más rico que tú, por lo tanto, soy superior a ti», «Soy más elocuente que tú, en consecuencia, soy mejor que tú». Es más lógico razonar así: «Soy más rico que tú, por lo tanto, mi propiedad es superior a la tuya», «Soy más elocuente que tú, en consecuencia, mi discurso es superior al tuyo». Eres algo más que una propiedad o un discurso[24].

45

Si un hombre se lava rápido, no digas que se lava mal, sino que se lava rápido. Si un hombre bebe demasiado vino, no digas que no sabe beber, sino que bebe demasiado. Porque, si no sabes qué tipo de juicios impulsan a esos hombres, ¿cómo puedes saber si actúan mal?

Si haces lo que te digo, no te ocurrirá que comprendas algunas apariencias y asientas a otras.

---

24 Para una mejor comprensión, este pasaje puede analizarse a la inversa: «Soy más pobre que tú, por lo tanto, soy inferior a ti».

46

No te presentes en ninguna ocasión como un filósofo, no hables demasiado de tus principios entre la multitud, pero actúa de acuerdo a ellos. Por ejemplo, en un banquete no digas cómo se debe comer, sino que come como debe ser. Recuerda que Sócrates evitó por completo el exhibicionismo, de manera que, cuando los hombres acudían a él y pedían que les presentaran a un filósofo, los conducía hacia otro filósofo. Y, si surge una discusión en la multitud sobre algún principio, mantén tu silencio durante la mayor parte del tiempo, porque siempre corres el riesgo de emitir por descuido algún pensamiento que aún no has procesado del todo. Y, si una persona te dice que no sabes nada, y no dejas que esto te moleste, entonces tienes la certeza de que estás en el camino correcto. Porque las ovejas no regurgitan la hierba para mostrarles a los pastores cuánto han comido, sino que digieren su pasto y luego lo presentan en forma de lana y leche. Haz lo mismo: en lugar de anunciar tus principios a la multitud, muéstrales los resultados que provienen de ellos cuando ya están digeridos.

47

Cuando hayas adoptado una vida sencilla, no te enorgullezcas por eso; si eres un bebedor de agua, no digas en cada ocasión que bebes agua. Y, si quieres trabajar arduamente, guárdatelo para ti y no hagas demostraciones de ello. Si tienes mucha sed, toma un buen sorbo de agua fría, escúpela y no se lo digas a nadie.

48

La posición y característica del hombre ignorante es que nunca espera que provenga de sí mismo el beneficio o el perjuicio, sino del mundo exterior. La posición y característica del filósofo es que siempre espera que provenga de sí mismo el beneficio o el perjuicio. Los signos de quien progresa son los siguientes: no culpa a nadie, no alaba a nadie, no se queja de nada, no acusa de nada, nunca habla de sí mismo como si fuera otra persona o como si supiera algo. Si alguien le alaba, se ríe de sí mismo por la alabanza; y, si alguien le censura, no intenta defenderse. Camina como si fuera un convaleciente, con cuidado de no alterar ninguna parte de las que se están recuperando antes de que se vuelvan firmes. Ha eliminado el deseo por las cosas externas y su rechazo ya no se dirige hacia lo que está fuera de su control, sino solo hacia lo que está bajo su capacidad y que es contrario a la naturaleza. En todas las cosas ejerce su voluntad sin imposición. Si los hombres lo consideran tonto o ignorante, no le presta atención. En pocas palabras, se vigila a sí mismo como si fuera su propio enemigo y estuviera al acecho.

49

Cuando un hombre se enorgullezca de poder entender e interpretar los libros de Crisipo[25], dite a ti mismo: «Si Crisipo no hubiera escrito de forma oscura, este hombre no tendría nada de qué enorgullecerse».

---

25 Filósofo griego considerado como la máxima figura de la escuela estoica antigua.

¿Cuál es mi propósito? Comprender la naturaleza y seguirla. Busco, entonces, a alguien que la explique y, habiendo oído que Crisipo lo hace, acudo a él. Pero no entiendo sus escritos y por eso busco un intérprete de ellos. Hasta ahora, no hay nada de lo que enorgullecerse. Pero, cuando encuentro al intérprete, todavía queda el hecho de que debo actuar según sus preceptos; eso y solo eso es de lo que podemos estar orgullosos. Si admiro el mero poder expositivo, seré gramático en lugar de filósofo, solo que en este caso interpreto a Crisipo en vez de a Homero. Por lo tanto, si alguien me dice: «Explica a Crisipo», sentiré que me sonrojo porque no podré mostrar que mis acciones están en armonía y correspondencia con sus enseñanzas.

50

Cualesquiera que sean los principios que te propongas, síguelos como si fueran leyes que no debes transgredir, porque, si lo hicieras, incurrirías en la impiedad. Y no prestes atención a lo que los demás digan de ti, porque es algo que escapa a tu propio control.

51

¿Cuánto tiempo vas a esperar hasta creerte digno de las cosas más elevadas y no transgredir el claro pronunciamiento de la razón? Has recibido los preceptos que debías recibir y los has aceptado. ¿Por qué, entonces, sigues esperando a un maestro que se encargue de tu bienestar? Ya no eres un joven, eres un hombre adulto. Si ahora eres descuidado e indolente y siempre estás posponiendo para más adelante el día tras el cual comenzarás tu proceso de cuidar de ti mismo, entonces no harás ningún progreso, sino que permanecerás en tu ignorancia. Así que decide en tu mente, antes de que sea demasiado tarde, vivir como alguien maduro y competente, y deja que lo que te parezca mejor sea una ley que no puedas transgredir. Y, si encuentras por delante algo agradable o problemático, glorioso o despreciable, recuerda que este es el momento de la lucha, el torneo olímpico está aquí y no puedes posponerlo más; y que un día y una acción determinarán si el progreso que has logrado se pierde o se mantiene. Así Sócrates alcanzó la excelencia, valorando solo la razón. Y, si aún no eres Sócrates, debes vivir como quien desea convertirse en él.

52

El primer y más necesario tema de la filosofía se ocupa de la aplicación de principios; por ejemplo, «no mentir». El segundo trata de demostrar esos principios, por ejemplo, «¿por qué no se debe mentir?». El tercero se encarga de analizar y confirmar las demostraciones, por ejemplo, «¿cómo puedo estar seguro de que esto es una demostración?, ¿qué es una demostración?, ¿qué es una consecuencia?, ¿qué es una contradicción?, ¿qué es verdadero?, ¿qué es falso?». Se deduce, entonces, que el tercer tema es necesario debido al segundo y que el segundo se debe al primero. Así que el primero es el asunto más necesario y en el que debemos confiar. Pero hemos invertido el orden: nos ocupamos del tercer tema y ponemos toda nuestra preocupación en él, mientras que descuidamos completamente el primero. Por eso mentimos, sin embargo, siempre estamos dispuestos a demostrar que mentir está mal.

53

En todo momento, debemos tener estos pensamientos a mano:

«Guíame, oh, Zeus, y condúceme, Destino, a cualquier lugar que ordenen tus decretos. Iré allí, sin dudar. Y, aunque mi voluntad cobarde se resista, igualmente iré»[26].

«A aquel que satisface noblemente las necesidades lo consideramos hábil y sabio en el conocimiento de lo divino»[27].

«Bueno, Critón, si esta es la voluntad de los dioses, que así sea»[28].

«Ánito y Meleto tienen el poder de llevarme a la muerte, pero no el de causarme daño»[29].

---

26 Cleantes, *Himno a Zeus*, vv. 1-4.

27 Eurípides, frg. 965.

28 Platón, *Critón*, 43 d.

29 Platón, *Apología*, 30 c-d.

CONSEJOS ESTOICOS PARA UNA VIDA MEJOR

El objetivo de esta serie es acercar el pensamiento estoico clásico al gran público actual. En una edición económica y de calidad presentamos algunos de los clásicos de la filosofía estoica. Un pensamiento antiguo que contiene una sabiduría eterna que nos puede ayudar a mejorar nuestra vida y a ser más felices.

LIBROS

[1] *Meditaciones* (Marco Aurelio).

[2] *Manual de vida* (Epicteto).

[3] *Sobre la filosofía y la amistad. Cartas estoicas a Lucilio (primer libro)* (Séneca).

[4] *Sobre el placer y la alegría. Cartas estoicas a Lucilio (segundo libro)* (Séneca).

[5] *Sobre la vida feliz. Cartas estoicas a Lucilio (tercer libro)* (Séneca).

[6] *Cómo calmar la ira* (Séneca).

[7] *Cómo superar la muerte de un ser querido* (Séneca).

[8] *Cómo ser feliz* (Séneca).

[9] *Cómo hacer favores* (Séneca).

Made in United States
North Haven, CT
10 November 2026

22084240R00032